FSC
www.fsc.org
MIX
Papier aus ver-
antwortungsvollen
Quellen
Paper from
responsible sources
FSC® C105338

AF304461

Wer wünscht sich das nicht:

Mein Alter möge gelingen!

Ein Ratgeber für Menschen, die der Pensionierung
entgegensehen oder schon in Rente sind

Von Hansjörg Häberli

An meinem 70. Geburtstag im Jahr 2011 sagte
ich zu meinem Bruder Ernst und seiner Frau
Regula, mein wichtigstes Ziel für meine letzten
Lebensjahre sei, diese im Gemütszustand des
«Inneren Friedens» verbringen zu können. Als
Psychologin wollte Regula von mir Genaueres
wissen, zum Beispiel: Was ist denn das
überhaupt, dein «Innerer Frieden»? Und wie
kommst du zu ihm? Spontan konnte ich ihr keine
genügende Erklärung geben. Ich versprach ihr,
gelegentlich darauf zurückzukommen. Ich wollte
mir Zeit nehmen, über diese Fragen systematisch
und gründlich nachzudenken und die
Erkenntnisse schriftlich festzuhalten. Dieses
Büchlein ist das Ergebnis. Möge es vielen zu
einem gelungenen Alter verhelfen.

Innerer Frieden, was ist das?

Als Inneren Frieden bezeichne ich ein gutes Lebensgefühl, das kaum zu erschüttern ist. Mit «gutes Lebensgefühl» meine ich Zufriedenheit, Zuversicht, Gefühl der Geborgenheit, des Getragen-Seins, von Gottvertrauen und das Gefühl des selbstbestimmten Lebens und doch Verbunden-Seins mit der Gesellschaft. Freudig staunen können über die vielen Wunder und Schönheiten der Natur. Tolerant sein können. Die Menschen gernhaben. Heiterkeit. Im Gefühlszustand des Inneren Friedens ist das Leben im Alter schön.

Innerer Frieden – eine Illusion?

Um den Inneren Frieden zu erhalten, musste ich nach der Pensionierung die meisten meiner im Berufsleben nützlichen und notwendigen Denk- und Verhaltensweisen aufgeben und mir neue aneignen.

Im Berufsleben brauchte ich für den Erfolg vor allem Fachwissen, gesunden Menschenverstand und Durchsetzungskraft. Für den Inneren Frieden im Alter sind emotionale Fähigkeiten wichtiger.

Pensionierung stellt das Leben auf den Kopf

Nach der Pensionierung hat mein Fachwissen keine Bedeutung mehr. Die Herausforderungen wechseln im Alter von der Fach- auf die Gefühlsebene. Beispiel: An der Tatsache, dass ich jedes Jahr etwas schwächer werde, kann ich nichts ändern. Auch nicht daran, dass ich in meinem bisherigen Umfeld an Bedeutung verliere, für jüngere Kollegen immer weniger interessant bin, aus dem bisherigen Netzwerk herausfalle. Wie ich mit diesen unvermeidlichen Altersfolgen fertig werde, entscheidet sich fast ausschliesslich auf der Gefühlsebene. Ich muss spüren, was mir emotional gut tut, was das Verlorene ersetzen könnte. Anstelle der fachlichen Aus- und Weiterbildung muss ich Instrumente lernen, mit denen ich meine Gefühle und mein Gemüt stärken kann. Die Pflege des Gemütes ist jetzt das Wichtigste.

Alles wird neu

Die im Berufsleben nützlichen und notwendigen Gewohnheiten und Fähigkeiten helfen mir im Alter und auf dem Weg zum Inneren Frieden wenig. Sie können sogar hinderlich sein. Die neue Lebenssituation erfordert neues Verhalten, neue Fähigkeiten, neue Wertvorstellungen. Bei der Pensionierung stehen uns in der Regel noch rund zwanzig Lebensjahre oder mehr bevor. Diese sorgfältig neu zu planen und zu gestalten, lohnt sich. Je stärker ich mich auf diesen Neuanfang konzentriere und je vollständiger ich das Bisherige loslasse, umso besser gelingt mir das Gestalten dessen, was für die nächsten zwanzig Jahre Lebensqualität gibt. «Ein jedem Neubeginne liegt fein ein Zauber inne» schrieb Hermann Hesse einmal. Die Pensionierung ist ein solcher Neubeginn. Ich kann und soll neue Aktivitäten finden, die meine Leidenschaft wecken und die ich bis ins hohe Alter ausführen kann. Hochgebirgsklettern, als Beispiel, ist ungünstig. Nach wenigen Jahren wird es mein Körper nicht mehr zulassen und ich müsste wieder etwas Neues anfangen.

Los lassen

Neues zu planen und Neues anzufangen gelingt
leichter, wenn mich das Vergangene nicht mehr
beschäftigt. Der Abschied vom Beruf oder vom
eigenen Geschäft wird mir sowieso früher oder
später aufgezwungen. Es ist darum vernünftig,
Beruf oder Geschäft loszulassen, solange ich
noch im Stande bin, ein neues Leben ohne Beruf,
ohne Geschäft, zu planen und anzufangen.
Vorzugsweise mit Aktivitäten die mir bis ins
höchste Alter Freude und Befriedigung bereiten
können.

Kann man sich im Alter noch umstellen, Neues anfangen?

Jahrzehntelang verwendete Automatismen und
Gewohnheiten im Denken und Handeln
abzulegen und durch andere zu ersetzen ist eine
zähe Arbeit. Fast nichts fällt uns Menschen
schwerer, als Gewohnheiten abzulegen. Es geht
nur mit täglichem sich Bewusstmachen des
Zieles und mentalem Training. Uns Alten kommt
dabei entgegen, dass wir mehr freie Zeit haben,

und dass wir fast nichts mehr «müssen». Fünfzig
Jahre lang hatte ich keine Zeit für ein Hobby.
Aus dem Bedürfnis heraus, einige meiner vielen
Lebensereignisse als gut lesbare Geschichten der
Nachwelt zu erhalten, besuchte ich mit 70 einen
Kurs für kreatives Schreiben. Danach ist das
Schreiben zu meiner liebsten Beschäftigung
geworden, der ich unzählige beglückende
Stunden verdanke, und mit der ich vielen
Menschen Freude bereiten kann.

Die grösste Umstellung

Im früheren Berufs- und Familienleben
erledigten wir die meisten unserer Aktivitäten auf
Grund des Druckes von aussen. Wir erfüllten
Anforderungen der Kunden, der Mitarbeiter, der
Bank, der Behörden, der Politik, der
Mitbewerber, der Kinder und Partner. Vieles
musste einfach getan werden, und wir erledigten
es diskussionslos.

Jetzt sind wir plötzlich frei, entscheiden frei
darüber, was wir tun und lassen. Wunderbar!
Endlich kann ich ....Aber Halt! Diese

Freiheit ist auch ein dicker Fallstrick, wenn es um das Ziel des Inneren Friedens geht. Denn er wird mir nicht geschenkt, der Innere Frieden, ich muss ihn erwerben. Dazu muss ich einiges unternehmen, wofür ich mich immer wieder selbst entscheiden muss. Dass ich den Entscheid umsetze, verlangt Überwindung, immer wieder.

Die Fähigkeit, sich überwinden zu können ist auf dem Weg zum Inneren Frieden wichtig.

Klar, ich könnte auch einfach das Nichtstun geniessen. Die Freude am Nichtstun ist eine Falle. Passen wir auf, nicht auf sie hereinzufallen. Der Genuss könnte sich nach kurzer Zeit in Langeweile wandeln und ein Unzufriedenheitsgefühl hervorrufen.

Ist Überwindung lernbar?

Ganz klar ja, mit Methoden des Mentaltrainings. «Glück ist der Lohn für die Überwindung» ist das Schlüsselwort. Stehe ich vor einer Situation, die von mir Überwindung erfordert, denke ich an das gute Gefühl, das ich erfahrungsgemäss nach der geleisteten Aktivität erlebe. Beispiel: Der

Besuch des Krafttrainings im Fitnesscenter erfordert oft Überwindung. Wenn ich es schaffe, mir in Erinnerung zu rufen welch gutes Gefühl sich nach dem Training jeweils noch stundenlang bei mir einstellt, fällt es mir leichter, mich zu überwinden. Würden meine Gedanken an den Gründen hängenbleiben, die gegen die Fitnessstunde sprechen, bliebe ich garantiert zu Hause. Die Disziplinierung der Gedanken kann trainiert werden.

Können alle den Inneren Frieden finden?

Im Prinzip ja. Der Weg zum Inneren Frieden ist jedoch nicht für alle gleich. Wenn ich mit Freude auf das zurückblicken kann, was ich im aktiven Leben unternommen und unterlassen habe, finde ich den Weg zum Inneren Frieden leichter. Grosse Schmerzen, schwere finanzielle Not, familiäre und partnerschaftliche Probleme und schlechtes Gewissen sind Hindernisse auf dem Weg zum Inneren Frieden. Sie können überwunden werden.

Wohin mit alten Lasten?

Wie gehe ich mit dem um, was ich einmal falsch gemacht habe? Wie mit dem Unrecht, das mir geschehen ist, dem Unrecht, das ich getan habe, den erlittenen Verlusten, den erlittenen Enttäuschungen, ja, wie gehe ich mit all dem um? Ich habe es begraben. Ich vermeide, wenn möglich, Kontakte mit Menschen, mit Orten, mit Situationen, die mich an Schweres erinnern. Und wenn mich doch einmal etwas in eine traurige, depressive Stimmung versetzt, erkenne ich es als Störung, die ich verarbeite, ohne nach Schuldigen zu suchen. Ich will mich nicht als Opfer fühlen. Was gewesen ist, ist vorbei und begraben. Ich fange neu an. Ich packe die Möglichkeiten. Ich gestalte meine Zukunft.

Die Bausteine zum inneren Frieden

Schlafen, Ernährung, Genuss

Ich schlafe genug, 7 -9 Stunden in der Nacht plus Mittagsschlaf. Ich achte auf Blutdruck, körperliche Bewegung, Gewicht. Der Schulmedizin vertraue ich, nehme verordnete Medikamente zuverlässig. Ich unterziehe mich den empfohlenen periodischen Kontrollen durch Haus-, Zahn- und Augenarzt.

Ich ernähre mich möglichst abwechslungsreich und vielseitig nach den Erkenntnissen und Empfehlungen der Wissenschaft für die Ernährung im Alter: Viel Gemüse, Früchte und Eiweiss. Ich esse bewusst und geniesse dankbar jedes Essen. Am Abend geniesse ich gerne ein Glas Wein. Wenn es in Verbindung mit anregenden Gesprächen mit meiner Frau Susanne oder in fröhlicher grösserer Runde geschieht, dürfen es auch einmal zwei sein.

Fleisch esse ich mit Mass und mit Genuss und ohne schlechtes Gewissen. Ich esse auch die weniger begehrten Fleischstücke, jedoch keine Luxuslebensmittel aus Übersee und so genanntes Superfood. Fertiggerichte meide ich, koche und backe wenn immer möglich selbst mit Frischprodukten.

Zeit für mich

Ich nehme mir nicht zu viel vor und arbeite, wenn möglich, nach dem Lust-Prinzip. Mit körperlichen Aktivitäten in Form von Hausarbeit, Wanderungen und wöchentlich zwei Mal eine Stunde leichtes Krafttraining im Fitnesscenter versuche ich die Beweglichkeit, die Kraft der Muskeln und Bänder und die Stabilität des Skelettes möglichst lange zu erhalten. Nach gossen Anstrengungen gönne ich mir die entsprechende Ruhezeit.

Zeit für andere

Ich pflege möglichst oft soziale Kontakte. Die Familie hat immer Vorrang. Die Pflege der Partnerschaft hat höchste Priorität. Sich problematisch entwickelnde Beziehungen kann

ich einstellen und mich frei machen für Neue,
Bereichernde. In der Pflege von Beziehungen zu
anderen Menschen sehe ich den Sinn des Lebens
im Alter. Er erfüllt sich, wenn ich die Freude des
Gegenübers an meiner Zuwendung spüre.
Besonders dankbar sind Beziehungen zu
fröhlichen Gleichaltrigen.

Am Ball bleiben

Ich bemühe mich, mit der technischen
Entwicklung der Kommunikationsmittel Schritt
zu halten. Damit verhindere ich, zu früh
abgehängt und ausgeschlossen zu werden.

Ich sehe nicht fern. Dafür bekomme ich viel Zeit
zum Lesen von Büchern und Zeitungen. Gute
Reiseberichte aus fernen Ländern können eigene
Fern- und Flugreisen ersetzen.

Ich besuche hin und wieder den
Sonntagsgottesdienst in unserer Kirche. Oft höre
ich erbauliche Predigten, und geniesse es, Teil
der Gemeinschaft der Gottesdienstbesucher zu
sein. Ich kenne die Kraft des Gebetes.

Ich besuche Vorträge zu Themen des Lebens im Alter. Ich höre Musik, die mir guttut. Es ist nicht mehr dieselbe Musik wie vor 60 Jahren. Ich suche geistige Herausforderungen im Singen im Chor, Schreiben und Kochen.

Neue Leidenschaften

Ich scheibe leidenschaftlich gern. Zum Beispiel Tagebuch. Dabei erlebe ich Schönes noch einmal und Frustrierendes schreibe ich mir von der Seele. Ich bin selbst immer wieder erstaunt, wie mir das Schreiben wohltut. In einer autobiografischen Erzählung blickte ich schreibend auf mein Leben zurück und beseitigte emotionalen Müll. (Als Buch erschienen: Erdbeerrot und die anderen Farben des Lebens ISBN 978-3-7543-2066-2)

Schönes im Fokus halten

Mein Auge habe ich darauf trainiert, sich automatisch auf Schönes zu fokussieren. Ich suche und finde Schönes in der Umgebung, wie

Blumen, Pflanzen, Bäume, Insekten, Steine,
Kinderzeichnungen, Kinderlachen und mehr.

Kinder und Enkel

Kinder: Ich durfte drei eigene und 4 Stiefkinder
von der Kindheit bis ins Erwachsenenalter
begleiten. Alle sind heute selbständig und
meistern ihr Leben. In ihrer aktuellen
Lebensphase sind sie von den Ansprüchen des
Berufes, der Familie, der Partnerschaft und der
Gesellschaft maximal gefordert. Wenn sie
trotzdem manchmal Zeit finden, mit uns Eltern
Kontakt zu pflegen freuen wir uns sehr. Wenn sie
uns ihre Kleinen zum Hüten anvertrauen wollen,
sagen wir nie nein. Urvertrauen und das Gefühl
der Geborgenheit setzt sich bei Kindern in den
ersten Lebensjahren im Unterbewusstsein fest.
Dass das geschieht, können wenige mehr dazu
beitragen als wir Grosseltern. Mit unserer
liebevollen Zuwendung, unserer Ruhe und der
Zeit die wir ihnen schenken können. Das Gefühl
der Geborgenheit und das Urvertrauen schützen
ein Leben lang vor Drogenhändlern,

Sektenführern, Verschwörungstheoretikern und anderen Verführern. Davon bin ich überzeugt.

Und die Mitmenschen?

Beim einzelnen Menschen erblicke ich zuerst seine guten Seiten.

Ich kritisiere zurückhaltend und lobe grosszügig. Schlechtes über andere Menschen rede ich nur, wenn es einer Problemlösung dient.

Ich spreche über meine Gefühle. Ich möchte als offener Mensch wahrgenommen werden.

Ich versuche, einen möglichst kleinen ökologischen Fussabdruck zu hinterlassen. Für das Benützen unseres kleinen Autos benötigen wir nur noch 1 -2 Tankfüllungen im Jahr. Dank dem Generalabonnement (GA) und dem Fahrplan in Handy kommen wir mit Bus und Bahn (öV) bequem überall hin, wo wir hinwollen. Das Reisen mit dem öV bedingt viel gesunde Bewegung zu Fuss auf dem Weg von und zu den Haltestellen. Und es bringt viele

Begegnungen mit anderen Menschen, Bekannten
und Unbekannten. Das entschleunigte Reisen mit
dem öV passt wunderbar zum Alter.

Bei Meinungsverschiedenheiten bin ich schneller
bereit, einer anderen Meinung nicht (mehr) zu
widersprechen. Ich bin mir bewusst, dass es nur
noch Weniges gibt, das es verdient, dass ich mich
durchzusetze und damit eventuell mich und
andere frustriere oder gar verletze.

Was muss ich noch leisten?

Leistungsziele setze ich nur so hoch an, dass sie
meine reduzierte Leistungsfähigkeit nicht
überfordern. Ich versuche, jeden Tag ein paar
Minuten ganz still zu sein. Bei jedem Entscheid,
den ich treffen muss, ist seine Wirkung auf
meinen Inneren Frieden ein wichtiges
Entscheidungskriterium.

Es geht dem Ende zu

Nach der Pensionierung ist das eigene Sterben
das grösste Risiko.

Ich befasse mich gedanklich mit dem Sterben. Ich versuche, mir die verschiedenen möglichen Varianten des Sterbens vorzustellen. Indem ich mich in die Situationen gedanklich und bildlich hineinversetze, baue ich Ängste ab. Ich mache es auch so mit den möglichen Altersbeschwerden, halte es mit Max Frisch: «Die Höhlenbewohner haben die Dämonen an die Wand gemalt, um zu lernen mit ihnen zu leben und keine Angst vor ihnen zu haben». Oder weniger literarisch: Was ich kenne, macht mir weniger Angst.

Das liebe Geld

Ist anzustreben, nach der Pensionierung den bisherigen Lebensstandard weiterführen zu können? Banken und Versicherungen wollen uns das glauben lassen in ihrer Werbung für «Vorsorgelösungen». Nur so sei ein glückliches Alter möglich. Wirklich?

Ich erlebte es anders. Meine Frau und ich müssen mit viel weniger auskommen. Trotzdem wissen wir, wie wir mit dem weniger Geld in den nächsten 10 – 15 Jahren über die Runden kommen. Das ist schon einmal ein Privileg. Wir wissen, wieviel wir uns leisten können und lassen grössere Wünsche gar nicht aufkommen. Der Neuanfang mit einem weniger aufwendigen Lebensstil hat viele positive Reize. Das bescheidenere Leben empfinden wir als entspannter und intensiver. Wir geniessen die vielen kleinen Freuden, die wir uns problemlos leisten können, weil sie wenig kosten. Wir sind stolz auf eigene Leistungen, z.B. mit kochen, putzen, wandern etc., die Ersparnisse bewirken. Das Aufleben Lassen von schönen Erinnerungen kostet nichts und erzeugt gute Gefühle.

Es ist, wie es ist. Wie es ist, ist es gut

Ich versuche Dinge, die ich nicht ändern kann, gelassen hinzunehmen. Auch das ist ein Privileg des Alters: Immer mehr Dinge gehören in diese Kategorie. Wir müssen nicht mehr viel. Fast alles überlassen wir besser den Jungen.

Im persönlichen Umfeld bemühe ich mich, friedlich, sparsam und umweltbewusst zu leben und Menschen, die es weniger gut haben zu unterstützen, soweit meine Mittel und Möglichkeiten vernünftigerweise reichen. Ich

versuche, anderen Menschen freundlich zu
begegnen, ihnen Grund für ein Lächeln zu geben.

Das biblische Gebot «Liebe deinen Nächsten wie
dich selbst» meint ausdrücklich, dass ich auch zu
mir selbst gut sein soll, und mit mir selbst
pfleglich umgehen soll.

Zusammenfassung

Es gibt keinen einfachen Weg zum Inneren
Frieden. Das Zusammenwirken und die Summe
zahlreicher, mir auferlegter Verhaltensregeln
können zum Inneren Frieden führen. Innerer
Frieden fällt niemandem einfach zu. Den Inneren
Frieden kann ich finden, wenn ich beharrlich
nach ihm suche. Alles zu tun, was meinem
Inneren Frieden dient, füllt meine Tage so gut
aus, dass ich nie, aber auch gar nie, Langeweile
verspüre.

Erfolgskontrolle

Ich lebe jetzt schon mehr als zehn Jahre mit meinem Konzept für den Inneren Frieden. Wie beurteile ich es heute, mit dem Hintergrund dieser Erfahrung?

Die mir selbst auferlegten Verhaltensregeln konnte ich fast immer befolgen. Den angestrebten Gemütszustand des Inneren Friedens habe ich erreicht. Ich bin mit meinem Leben mehr als zufrieden. Auch glaube ich, für die Anderen im Allgemeinen ein angenehmer Mitmensch zu sein.

Im Jahr 2019 wurde in meinem Schädel ein Gehirntumor entdeckt. Zwar wusste ich rasch, dass es sich nicht um eine sehr aggressive Krebsart handelte, die das Todesurteil hätte bedeuten können. Eine grosse und risikoreiche Operation war jedoch nicht zu umgehen. Komplikationen machten weitere zum Teil sehr schmerzhafte Eingriffe nötig. Die ersten zehn Tage nach der grossen Operation waren eine grässliche Tortur. Auch befürchtete ich, im Rollstuhl zu landen und erlebte Sterbensangst.

Mein Gehirnwasser läuft jetzt über ein langes Plastikschläuchlein aus den Ventrikeln des Gehirns durch die Schädeldecke und weiter unter der Haut bis zum Unterbauch, wo es sich in die Bauchhöhle ergiesst. Mein Leben hängt an diesem Schläuchlein und seinem Regulierventil unter der Haut hinter dem rechten Ohr. Nach den Jahren der Krankheits- und Erholungszeit geht es mir heute wieder total gut. Bezüglich dem weiter erwarteten Verlauf ist die Prognose der Ärzte und mein Gefühl gut.

Wie war das mit dem Inneren Frieden in der Krankheits- und Erholungsperiode? Unter Schmerzen, Schwächen und Ängsten ist es schwieriger alle Verhaltensregeln einzuhalten. Dementsprechend war der Innere Frieden nicht immer zu erreichen. Es gab Situationen, in denen meine Gemütslage vom Inneren Frieden weit entfernt war. Und dennoch: Es gibt wichtige Regeln, die ich auch unter diesen Umständen einhalten konnte und die ihre positive Wirkung entfalteten. Zum Beispiel im Umgang mit Ärzten und Pflegenden. Besonders hilfreich waren mir die Regeln in der langen und zeitweise beschwerlichen Erholungszeit.

Ich bin überzeugt: Auch unter ganz schlechten
Bedingungen lohnt es sich, zu versuchen,
möglichst viele Regeln einzuhalten. Einen nur
«halben» Inneren Frieden zu erreichen ist allemal
besser als in innerer Unsicherheit,
Unruhe und/oder Unzufriedenheit zu verharren.

Zu guter Letzt

Bei den Studien zu diesem Büchlein
beeindruckten mich zwei Erkenntnisse besonders
tief.
Erstens: Beim Übergang vom Berufs- ins
Pensioniertenleben stehen uns heute statistisch
noch 20 – 30 Lebensjahre bevor. Die
Pensionierung markiert einen Übergang, oder
viel mehr den Neuanfang des dritten und letzten
Lebensabschnittes. Diesen Neuanfang zu planen
und zu gestalten, scheint mir das Wichtigste. Mit
65 ein neues Hobby oder eine neue Tätigkeit
anzufangen kann einen wunderbaren Schub
neuer Lebensfreude bringen. Es lohnt sich,
einiges auszuprobieren, um das Richtige zu
finden.

Meine zweite überraschende Erkenntnis: Spätestens, wenn das 70. Lebensjahr vorbei ist, sollten wir, sofern ein öffentliches Verkehrsmittel zu Fuss erreichbar ist, das Auto stehen lassen und auf den öV umsteigen. Meine Frau und ich haben das gemacht und erleben dabei nur Vorteile. Das GA und der Fahrplan im Handy helfen uns dabei, unsere Reiseziele ebenso spontan festlegen und ändern zu können, wie wenn wir mit dem Auto unterwegs wären. Bus und Bahn bringen uns in jedes Dorf der Schweiz, in jedes Quartier der Stadt. Im Bus oder im Bahnwagen besteht immer die Möglichkeit, interessante Menschen zu treffen, Fremde oder Bekannte. Das Reisen im öV ist äusserst bequem und entspannend. Sich nach dem Fahrplan zu richten und hin und wieder etwas warten zu müssen, empfanden wir mit der Zeit als angenehme Entschleunigung. Dem etwas höheren Zeitbedarf steht gegenüber, dass wir als Rentner auch über mehr Zeit verfügen. Reisen mit Bahn und Bus wurde nicht nur für Berufstätige immer attraktiver, sondern auch für uns Ältere. Wir können länger sicher mit dem öV reisen als mit dem Auto. Schon deswegen sollten

wir rechtzeitig darauf bedacht sein, routiniert den
Fahrplan lesen zu können und das Finden des
richtigen Zuges oder Busses im Bahnhof zur
Routine zu machen. Bahnhöfe, Bahnwagen und
Busse werden immer behindertenfreundlicher.
Der Strassenverkehr eher immer anspruchsvoller.
Die Kosten: Das Partner GA für mich und meine
Frau zusammen kostet weniger als der Betrieb
eines Autos der Mittelklasse.
Mein neues Hobby, das Schreiben, und die
Umstellung der Mobilität vom eigenen
Autofahren auf die Benützung der öffentlichen
Verkehrsmittel haben meine
Lebensqualität im Alter am stärksten angehoben.

Mai 2024 / Hansjörg Häberli